# nick living

texte

# abgesänge

Design & Layout: Nick

Impressum

Herstellung und Verlag:
BoD - Books on Demand, Norderstedt
ISBN 978-3-7448-49067

abgesänge

# Wiedermal

Wiedermal den Weg zum Amte
Stolpert sie so gegen 6
Noch ist sie die
*Unbekannte*
Stolpert schnell den Weg zum Amte
Das liegt vor ihr links
*Dann rechts*

Brötchen, Kaffee, diesen lauen
Ein Gespräch kurz auf dem Gang
In die Unterlagen schauen
*Wie viel werden sich heut trauen*
Und die Zeit scheint ewig lang

Auf dem Stuhl, dem harten, kalten
Nimmt sie Platz, schaut hin- und her
Menschen muss sie hier verwalten
Jenen Tag mit Sinn gestalten
Und manch Schicksal wiegt so schwer

Schon kommt rein der erste Kunde
Der sucht Arbeit
*Oder nicht*
Ziellos starrt er in die Runde
In der Seel klafft ihm 'ne Wunde
Angst sitzt tief ihm im Gesicht

Wut und Hoffnung muss sie kennen
Manchmal Härte auch
*Und Mut*
Nein, es bleibt kaum Zeit zum Flennen
Manchmal nachts ist Zeit zum Pennen
Oftmals glüht noch *Arbeitswut*

Ja, sie weiß, man liebt sie selten
An dem Ort, wo gar nichts gleich
Jenes Amt der tausend Welten
Wo manch' Regeln kaum noch gelten
Hier wird niemand wirklich reich

Wenn die Kunden dann gegangen
Ordnet sie den Aktenberg
Hier, wo manches unverstanden
Wo sich niemals Menschen fanden
Schaut sie plötzlich recht verklärt

Packt die Tasche und hält inne
*Ob sich das mal ändern wird*
An der Decke eine Spinne
Leis tropft Regen aus der Rinne
Alles scheint total verkehrt

*Sollt sie wirklich einsam bleiben*
*Haus und Auto*
*All dies Zeug*
*Kommen auch mal bessre Zeiten*
*Ohne Klar- und Ebenheiten*
*Ohne künstlich-glatter Freud*

Doch dann wischt sie sich die Augen
Aus der Haut kommt sie nicht raus
Dieser Traum vom Meer, dem blauen
*Schon versunken*
*Kaum zu glauben*
Und sie trinkt den Kaffee aus

Stumm nimmt sie vom Eisenhaken
*Ihren Mantel*
*Ihren Schal*
Zwischen Mondlicht, Mücken, Schnaken
Wird sie durch den Regen waten
Morgen früh
*Und wiedermal*

## Stopp

Im Fahrstuhl zwischen Hoch und Runter
So zwischen zwei Terminen – *kurz*
Da wart ich, gar nicht froh und munter
Im Lift, so zwischen Rauf und Runter
Und mancher Witz scheint weit und *schnurz*

Auf einmal stockt der Lift, bleibt stehen
*Im Nirgendwo*
*Ich weiß nicht wo*
Wann wird das Ding wohl weitergehen
Ganz plötzlich fängt sich's an zu drehen
Mir wird's recht schwindelig und so

Ne alte Frau steht an der Tür und wartet
Sie schaut mich an mit starrem Blick
Ich hoff, dass dieser Lift bald startet
Und jene Frau, die seufzt und wartet
Wann endet dieses Missgeschick

Die Alte scheint das wohl zu spüren
Sie sagt: „*Ach Jungchen, du hast Zeit*"
Ich weiß, ich sollt mich wohl nicht zieren
Was kann ich hier wohl schon verlieren
So manche Stunden ziehn sich weit

Wir reden über Das und Dieses
Ich lehn mich an die Fahrstuhltür
Wir sprechen über Gutes, Mieses
Im Leben gibt's so manches Fieses
Im Fahrstuhl zwischen Dort und Hier

Ich schau zur Uhr, muss plötzlich grinsen
Hier drin scheint nichts mehr wichtig, ach
So vieles ging mir in die Binsen
Oft schmeckten nicht mal Mittagslinsen
Und manchmal schien ich kaum noch wach

Die alte Frau nahm meine Hände
*„Nehms nicht so schwer, das hilft dir nicht"*
In jenem Lift, wo kühl die Wände
Hielt sie voll Güte meine Hände
Es flackerte das Fahrstuhllicht

Ja, da begriff ich, was sie meinte
Ich sollte viel mehr leben noch
Was mich mit dieser Frau vereinte
*War der Gedanke*
*Und ich weinte*
*Wann ging´s im Fahrstuhl runter, hoch*

Ein starker Ruck, dann ging es weiter
Recht schnell sprang auf die Fahrstuhltür
Ich sah den Tag, er war so heiter
Und irgendwie schien ich gescheiter
Seit jenem Fahrstuhlstopp all hier

Ich tauchte ein in Stadt und Leben
Oft fiel mir ein der Alten Wort
Von Herz und Seel konnt ich was sehen
Erinnerung an manches Schweben
*Im Fahrstuhl zwischen*
*Hier und Dort*

## Resümee

Jetzt ist die Zeit der großen Schwätzer
Der Dummheit und der blöden Ketzer
Es ist die Zeit der Asozialen
Des Schwachsinns und der Nicht-Normalen
Es ist die Zeit der Tagediebe
Der Armut und der falschen Siege
Manch' Schreihals und manch' kleiner Spinner
Wird schnell zum mächtigen Gewinner
Ist man heut asozial und kriminell
Kommt man voran im Land ganz schnell
Mit Ehrlichkeit und schlauem Kopf
Bleibt man ein mittelloser Tropf
Jetzt ist die Zeit der dummen Leute
Die Zeit der drogentauben Meute
Und Korruption blüht überall
Betrogen wird bei Amt und Wahl
Für Menschenhändler – beste Zeiten
So viele müssen drunter leiden
Es ist die Zeit der Untergänge
Der todesschwangeren Gesänge
Es ist die Zeit von Hass und Lüge
Für Geld gibt's Spaß, Crystal und Liebe
Soll so der Menschheit Zukunft sein
Dies Land ist starr
Und kalt wie Stein

## Ziellos

Ziellos streichst du durch die Straßen
Durch die Stadt mit ihren Gassen
Dunkel manche ferne Ahnung
*Keine Hoffnung*
*Keine Planung*
Suchst nach neuen schönen Wegen
Nach dem allerbesten Segen

Doch die Nacht senkt sich behände
Übers düstere Gelände
Schnell wird es dir klar und klarer
*Alles mager*
*Alles hager*
Und du suchst nach neuen Träumen
Unter schattig dunklen Bäumen

Da, ein Licht blitzt grell hernieder
Und du hoffst im letzten Fieber
Regen nässt Gesicht, Gedanken
*Nur nicht wanken*
*Nur nicht schwanken*
Endlich spürst du neue Kräfte
Tief im Herzen beste Säfte

## Der Terrorist

Er war ein ganz normaler Mann
In blauen Jeans und weißem Hemd
Gern sah er sich Museen an
Der ganz normale nette Mann
Ihm war's egal, ob man ihn kennt

Er hatte Arbeit, irgendwo
Mit seinem Geld kam er gut aus
Er war für alles, einfach so
War traurig manchmal, öfters froh
Er lebte in 'nem schönen Haus

Doch irgendwann schien alles trüb
Manch Langeweile schlich sich ein
Das, was ihm einstmals gut und lieb
Schien plötzlich schlecht, total verglüht
Er wollte richtig böse sein

So vieles sah er im TV
Manch Mörderclique fand er toll
Er war nicht dumm und auch nicht schlau
Doch, was er wollt, wusst er genau
Er hatte längst die Schnauze voll

Denn all der öde Biederkram
Mit Haus und Auto, Frau und Kind
Das alles kotzte ihn längst an
Nie mehr ein artig, braver Mann
Er wollt dorthin, wo Kriege sind

So zog er fort aus seiner Stadt
Ins ferne Land, *zum Mörderclan*
Das Leben hatte er so satt
Er wollte stark sein und nicht matt
Und kam bald in der Ferne an

Dort freute man sich wirklich sehr
Ein neuer Kämpfer – *oh wie fein*
Er kam so arglos, stark daher
Ihm fiel der Wechsel gar nicht schwer
Aus seinem Herz doch ward ein Stein

Man gab ihm ein Gewehr sodann
Und Sprengstoff für den großen Knall
Er war einst ein normaler Mann
Der sah sich gern Museen an
*Doch ändert sich´s so Fall auf Fall*

Man schickte ihn flugs wieder fort
Zum Menschentöten für den Sieg
Er flog nach Haus, zum Heimatort
Mit reichlich Sprengstoff – *wie ein Sport*
Von dem am *End* nichts übrig blieb

In seiner Stadt, wo er mal froh
Sollt er nun morden voller Spaß
Er war für alles, einfach so
*War er nun glücklich oder froh*
*War wirklich da nur Wut und Hass*

Er setzte sich ins Kino dann
Die Leute kamen, lachten laut
Er war doch ein normaler Mann
*Er sollte töten, jetzt, nicht dann*
Er spürte seine Gänsehaut

Und er zog schnell am Sprengstoff-Gurt
*Gleich kracht es laut mit Feuerball*
Doch schien wohl irgendwas verzurrt
Ein Blitz zerriss den Todes-Gurt
Und traf ihn selbst mit vollem Drall

*Er sackte weg*
*Der Tod kam schnell*
Die Menschen rannten ängstlich raus
Im Kino ward es wieder hell
Sein Ende kam wohl ziemlich schnell
*Sieht so ein Heldensterben aus*

Er war ein ganz normaler Mann
*In blauen Jeans*
*Mit weißem Hemd*
Er wollte stark sein, *irgendwann*
Er sollte töten, jetzt, nicht dann
*Er schaffte, dass ihn jeder kennt*

## Geheimbund

Am schwarzen Tische sitzen sie
*In langen Mänteln*
*Schweigend noch*
Im Tempel aller Harmonie
In dunklen Kleidern beten sie
Beschwören Geister tief und hoch

Hier kommt so schnell kein Fremder rein
Ein Schloss aus Stärke zeugt stets davon
Sie müssen sehr verschwiegen sein
Ansonsten bleiben sie allein
*Und alle Welt scheint ewger Lohn*

Sie sprechen alle Sprachen gut
*Sie leiden Leid*
*Sie machen Macht*
Wer hier dabei ist, braucht viel Mut
In jenem Bund ist rein das Blut
*Hier lebt der Tag*
*Hier thront die Nacht*

Die großen Tore schließen sich
Der Bund bleibt schweigsam
*Und geheim*
Verborgen einst
*Heut ewiglich*
Im Tempel hier, am schwarzen Tisch
*Jenseits der Zeit*
*Im düstern Schein*

## Jenes Land

Jenes Land liegt längst in Scherben
*Hier stirbt alles*
*Nichts kann werden*
Überall nur Neid und Hass
Suff und Ekel nennt man *Spaß*

Mob und Pöbel schreit durch Straßen
Nur wer Geld hat, darf auch *prassen*
Armut kriecht durch manchen Block
Leben heißt hier: *Dreck und Schrott*

Geldgier, Klüngel in manch´ Ämtern
Daran will sich auch nichts ändern
Ist man ein *korruptes Schwein*
Braucht *studiert* man hier nicht sein

Autorennen nachts in Städten
Dort kann man sich kaum noch retten
Doch die Polizei schaut weg
Und so wuchert aller Dreck

Für Ganoven gibt's kaum Strafen
Ja, die dürfen ruhig schlafen
*Mut, Courage, Ehrlichkeit*
*Dafür ist hier keine Zeit*

Drogen in den Parks, den Gassen
Rotlicht blüht in dunklen Straßen
Mord und Totschlag überall
*Wann gibt's wohl den großen Knall*

Schmuggel über offne Grenzen
Wer viel zockt, wird bald schon glänzen
*Ist man dumm und kriminell*
*Kommt voran man hier sehr schnell*

Wer die Wahrheit sagt im Lande
Wird zur *Populisten-Bande*
Ist man still und ohne List
Bleibt der *stinkend-faule Mist*

Aus manch kriegerischen Landen
Kommen hasserfüllte Banden
Terror kriecht ganz unerkannt
*Wunderland*
*Längst abgebrannt*

*Ich will flüchten*
*Ich will fliehen*
Ganz weit in die Ferne ziehen
Wo die Hoffnung tot und leer
*Ist auch keine Heimat mehr*

## Das Ende

Sterne ziehen da am Himmel
So weit weg am Firmament
Was ist's für ein wild' Gewimmel
Diese Sterne dort am Himmel
Selten man den Namen kennt

Doch das Unheil naht behände
Einer bricht aus seinem Kreis
Ach, mir zittern schon die Hände
*Wann stürzt er aufs Erd-Gelände*
Niemand glaubt was jeder weiß

Irgendwann wird er wohl kommen
*Jener Tag*
*Das böse End*
Dann verlischt das Licht der Sonnen
Und kein Traum wird sich noch lohnen
Es verbrennt das letzte Hemd

Nostradamus wollt es wissen
Ja, er schrieb vom letzten Tod
Bald schon wird das End uns küssen
Alles Leben wird dann büßen
*Sind wir längst in höchster Not*

Schau zum Himmel, weine, schweige
Seh die Menschen – hoffe noch
Wind bewegt die Birnbaum-Zweige
Und mein Blick flieht in die Weite
Und es naht das *„Schwarze Loch"*

## Kein Gott

Manche Nacht könnt ich erzürnen
*Gibt es Gott, den großen Mann*
Ja, ich wollt den Himmel stürmen
Ganz weit oben auf manch' Türmen
*Sag, wo lebt der Supermann*

Doch bleibt stumm die Stimme Gottes
*Nichts geschieht*
*Der Himmel schweigt*
Nicht die Spur des großen Wortes
Nur die Nacht gähnt allen Ortes
Und mein Glaube ist sehr weit

In der letzten Fernsehsendung
*Wieder Krieg und Tod und Hass*
Wieder nur manch' Geldverschwendung
Teufel, Rotlicht und Verblendung
Bist du reich, dann hast du Spaß

*Ist all das des Gottes Wille*
*Will all das der große Herr*
Mir bleibt nur die schwarze Stille
Keine Antwort, keine Fülle
Und mir ist's ums Herze schwer

Hass und Krankheit, auch *Apartheit*
Slums und Armut
Alles bleibt
*Wo ist Gott*
*Wo seine Klarheit*
*Wo bleibt Gott mit seiner Wahrheit*
*Passt ein Gott in diese Zeit*

## Kinder des Krieges

Sie suchen noch das Morgenrot
Die Kinder aus dem fernen Land
Und abends gibt's hier Abendbrot
Die ferne Heimat ist schon tot
Im Krieg ist alles abgebrannt

Sie kamen her ins deutsche Land
Die Kinder aus der *andern* Welt
Sie fanden manche helfend' Hand
Und stießen auch auf manche Wand
Sie hatten Hunger, wenig Geld

Man schimpfte laut und leise hier
Warum nur gehen sie nicht weg
*Es gibt nicht Krieg*
*Nicht Bomben hier*
Und ruhig ist's des nachts um *Vier*
Und volle Läden sind ums Eck

Das alles gab's im Kriegsland nicht
*Es ist zerstört*
*Das ist nicht mehr*
Die Nacht erhellte Bombenlicht
Und manchen Toten fand man nicht
Und Kinderaugen – *endlos leer*

Wohin geht's nur – *wohin, wohin*
Warum der Krieg – *warum, warum*
Die Kinder wollen wieder hin
Doch aller Traum bleibt ohne Sinn
Und alle Worte bleiben stumm

So anders wird man mit der Zeit
Im fremden Land scheint alles *fremd*
Man fühlt sich frei
*Doch nie befreit*
Familie, Heimat ist so weit
Und auf der Haut das *letzte Hemd*

Die Heimat ist, wo's Herze schlägt
Auch Bomben löschen das nicht aus
Die Kinder wollten niemals weg
*Und hier ist Frieden*
*Rund ums Eck*
Wo steht das gute Heimat – Haus

### Das bisschen Leben

„*Was ist geschehen*", fragte sie
Man wusste nicht mal *wann und wie*
Das Kind lag tot im Garten dort
*Der Tag war trüb*
*Ein schlimmer Ort*

Die Mutter schwieg
Sie sagte nichts
Das bisschen Leben – fern des Lichts
Es war doch eine schöne Zeit
*Ihr Kind und sie*
*Ein Glück zu zweit*

So viel erlebten sie
*So viel*
Ihr Kind Zuhause und beim Spiel
Sie schaut' die Fotos lange an
Und weinte auch – so dann und wann

Erinnerungen sind so tief
Das bisschen Leben
Nichts ging schief
Doch traf ihr Kind des Teufels Sohn
Und alle Hoffnung ward zum Hohn

*Was ist das Leben*
*Was der Sinn*
*Warum das Leben*
*Wo geht's hin*
*Hat Leben irgendeinen Zweck*
*Ist es am End vielleicht nur Dreck*

Sie schwieg
Sie wusst die Antwort nicht
Wohin sie ging
Man weiß es nicht
Ihr Kind, die Urne nahm sie mit
Vom Leben blieb ihr nicht ein Stück

So oft sucht man nach einem Ziel
*Ist Leben ernst*
*Ist´s doch nur Spiel*
Das bisschen Leben scheint nicht lang
Wohl weint man oft
*So dann*
*Und wann*

## Der Obdachlose

Die Sonne strahlt und wärmt die Stadt
Dort ist es, wo man alles hat
Doch hinterm Park, im Brückenschacht
*Ist meistens Armut*
*Meistens Nacht*

Er zieht seit vielen Jahren um
Er war mal was
Er ist nicht dumm
Der Alkohol wärmt Sorgen fort
Und Ängste auch
*Und manches Wort*

Im Wohnungsamt lehnt man ihn ab
Ein Säufer, der so gar nichts hat
*Man will ihn nicht*
*Man schickt ihn fort*
Und wieder zieht er durch den Ort

Die Straße ward zur Heimat ihm
Sein Leben aber: *ohne Sinn*
Einst wollt´ er mal so hoch hinaus
Am Ende blieb das Hinterhaus

Seit Tagen streikt die Leber sehr
Die Freundin weint
Es ist so schwer
Er bricht zusammen irgendwo
*Er kann nicht mehr*
*Das ist wohl so*

Von seinen Träumen blieb nicht viel
*Kein Platz zum Leben*
*Und kein Ziel*
Im Winter fror er sich bald tot
Es wärmte ihn nur Schnaps
*Sein Brot*

Gestorben ist er irgendwann
*Im Krankenhaus*
*Als armer Mann*
Er hat gehofft, geweint, gelacht
In seinem Heim
Im Brückenschacht

Die Sonne scheint auf diese Stadt
Scheint warm und ruhig auf sein Grab
So einsam ist's am Brückenschacht
*Der Wind ist kalt*
*In jeder Nacht*

## Der Trinker

Irgendwo in jener Stadt
Dort, wo keiner Namen hat
Lebte er wohl irgendwie
Reichtum hatte er noch nie
Lebte er so in den Tag

Eines Tages gegen 10
Blieben alle Uhren stehn
Ja, man warf ihn einfach raus
Job und Arbeit – alles aus
Plötzlich ward die Welt nicht schön

Einsam saß er nun im Dreck
Irgendwo im Straßeneck
Nur der Alkohol war da
In der kleinen Hafenbar
Soff er sich die Sorgen weg

Trank ab jetzt tagein tagaus
So sah jetzt sein Leben aus
Alles sollt im Kreis sich drehn
Er konnt selbst sich nicht verstehn
Alkohol – sein bester Schmaus

Und die Sucht hielt ihn ganz fest
Er versoff den letzten Rest
Immer öfter fiel er um
Aller Traum blieb tot und stumm
Weil die Sucht nichts leben lässt

Irgendwann im Krankenhaus
Kam er aus dem Suff mal raus
Für sechs Wochen trocken, clean
Für sechs Wochen wieder Sinn
Wieder Mensch und keine Maus

Ja, er schwor sich klipp und klar:
*Nie mehr saufen, wie's mal war*
*Wieder Arbeit, Lebenssinn*
Doch der Wunsch schien schnell dahin
Und es nahte die Gefahr

Ach, er trank so viel, so viel
Ohne Halt und ohne Ziel
Bis sein Traum total zerbrach
Aus die Heimat, Haus und Dach
Und der Regen fiel und fiel

Irgendwann sah er ein Licht
Hörte, wie man zu ihm spricht:
*Fürchte dich nicht, komm nur, komm*
*Ich bin hier und warte schon*
Und er fürchtete sich nicht

Warf die Flasche weit von sich
Spürte Kraft im Angesicht
Lief und lief und war schon fort
Einsam blieb sein Heimat-Ort
Nein, die Sucht vergab ihm nicht

Irgendwo in jener Stadt
Dort, wo niemand Namen hat
Hat gelebt er irgendwann
Nein, er war kein reicher Mann
Und vom Baum fällt leis ein Blatt

## Am Grab

Was fängt man an allein
*Allein*
Wenn keiner da ist, den man liebt
Lässt man den Tag, das Leben sein
Was wird nur, wenn man ganz allein
Wenn man den Horizont nicht sieht

Die Menschen kommen
*Gehen fort*
Ja, man gewöhnt an sie sich schnell
Sie spenden Trost und manch ein Wort
Sie sind lang da
Sie gehen fort
Ein Spatz im Baum singt froh und hell

So vieles geht mir durch den Sinn
Wo werd´ ich sein
Wenn ich allein
Was, wenn ich ewig traurig bin
Wenn tränenschwer ertrinkt mein Sinn
Kann dann mein Herz noch fröhlich sein

Was fang ich an – allein
*Allein*
Am Grabstein knie ich bis zur Nacht
Lass ich den Tag, mein Leben sein
Wie geht es weiter
*So allein*
Nur dieser Spatz im Baume wacht

## Frau Holle

Ziemlich hoch im Wolkenzelte
Lebte sie für sich allein
Schaute traurig auf die Welte
Von dort oben, ihrem Zelte
Wollt so gern mal Mutter sein

Doch zu ihr, welch schlimmes Leben
Kam niemals ein netter Mann
Ach, sie wollt doch Liebe geben
Und ein Kind, ein schönes Leben
Ein Familienglück sodann

Aller Traum jedoch blieb ferne
Mann und Kind – nie kam's zu ihr
Lang schaut sie zu manchem' Sterne
Alles Glück schien viel zu ferne
Keine Freude, keine Zier

Da begann sie sich zu rächen
Holte sich, was sie gewollt
Nutzte aller Menschen Schwächen:
*Mit der Gier wollt sie sich rächen*
Zauberte ein Tor aus Gold

Damit lockte sie manch' Mädchen
Und versprach das große Geld
Ach, es kamen aus dem Städtchen
Viele junge, hübsche Mädchen
Durch das Tor zur Wolken-Welt

Zur Begrüßung gab es Kuchen
Daunenbettchen wunderschön
Niemals gab es Grund zum Fluchen
Herrlich schmeckten Torten, Kuchen
Nein, kein Mädel wollte gehn

Doch wenn aller Tag vergangen
Kroch empor die schwarze Nacht
Plötzlich zischten tausend Schlangen
Dort, wo längst der Tag vergangen
Hat sich Unglück breitgemacht

Da, zur Hex ward die Frau Holle
Und ihr Wolkenhaus zerfiel
Formte sich zur schwarzen Scholle
Blitze zuckten um Frau Holle
Ach, es war ein böses Spiel

Alle Mädchen, die dort oben
Längst gefangen in der Scholl
Als die Wolken fortgezogen
Warn die Mädchen nicht mehr oben
Brach entzwei dies Tor aus Gold

So verschwanden hundert Mädchen
Keiner ahnte je wohin
Traurig lag nun Welt und Städtchen
Denn es fehlten junge Mädchen
Und es fehlte Glück und Sinn

Doch ein junger Prinz vom Meere
Hörte von dem Trauersang
Und er kam ganz ohne Heere
Mit dem Boot weit übers Meere
Und er suchte tagelang

Bis er sah die dunklen Wolken
Wo Frau Holle arglos war
Mit 'nem Luftschiff unbescholten
Flog er hoch bis zu den Wolken
Und sein Sieg schien sonnenklar

Er entdeckte jene Scholle
Wo die Mädchen eingesperrt
Doch da war auch noch Frau Holle
Die verteidigte die Scholle
Ihr Gesicht von Wut verzerrt

Kraftvoll hob der Prinz den Degen
Stach in jene Wolkenpracht
Dort heraus stob wilder Regen
Alle Mädchen warn am Leben
Als die Scholle laut zerkracht

Und im Luftschiff fröhlich singend
Flog der Prinz die Mädchen heim
Ach sie tanzten lustig springend
Durch das Städtchen rufend, singend
Alle konnten glücklich sein

Und Frau Holle in der Wolke
Die kam niemals wieder her
Denn das Tore aus purem Golde
War nur Lüge, wie die Wolke
Die Frau Holle gibt's nicht mehr

## Irgendwo

Recht einsam steht die Bank am Wald
Sie ist verwittert und schon alt
Manch Brett brach durch
Man strich sie an
Ich sitz hier gern, auf ihr, sodann

Von hier aus schau ich auf die Stadt
Die unten liegt und Leben hat
Doch auch zum Himmel ist's nicht fern
Von hier aus seh ich gut die Stern

Die Bank kennt auch mein Auf und Ab
Sie kennt mich, wenn ich stark und schlapp
Sie kennt auch meine Tränen gut
Sie gibt mir Kraft
Sie gibt mir Mut

Und wenn ich wieder gehen will
Dann lächelt sie so lieb und still
Dann sag ich leis:
*„Mach's gut, bis bald"*
Da ist's egal, ob warm, ob kalt

So einsam steht die Bank am Wald
Verwittert ist sie
Und schon alt
Ich bin hier gern
Ich bin hier froh
Auf meiner Bank
Im *Irgendwo*

## Neumond

Du stehst vorm Spiegel um halb Zwölf
Wirr schreist du rum: *Gott komm und hilf*
Dein ganzes Leben eine Qual
Und es ist Neumond wiedermal

Da drin in deinem Kopf, ganz tief
Da sitzt etwas so krumm und schief
Es macht dir Angst, es bringt sich um
Und plötzlich bist du wieder stumm

Dann sinkst du auf den Wannenrand
Dein Hirn, dein Leib – ein einzig´ Brand
Vielleicht drei Jahre noch, ein Tag
Vielleicht noch eine letzte Klag

Der Schwindel macht benommen dich
In Seel und Herz ein letzter Stich
Du krümmst vor Schmerzen dich und weinst
Und weißt, dass du so viel versäumst

Noch einmal wild im Tanz sich drehn
Das wünschst du dich, doch du bleibst stehn
In deinem Kopf das Unheil droht
Und nichts kommt mehr vom lieben Gott

Vielleicht ist´s schon der letzte Tag
Vielleicht ist´s längst die letzte Frag
Bist du zum Leben doch zu dumm
Warum dies Leid, warum, warum

Schon stockt der Atem in der Brust
Zum Sterben hast du keine Lust
Sieht so die letzte Hoffnung aus
Bleibt da am End nur Angst und Graus

Dein Traum verglüht im Glockenschlag
S´ ist Mitternacht in Land und Stadt
Zu Ende scheint dein freier Fall
Und es ist Neumond – *wiedermal*

## Ein Schicksal

Er hatte einen Baum gefunden
Auf einer Lichtung stand er da
Nach all den Jahren, Tagen, Stunden
Hat er wohl keinen Sinn gefunden
Und keiner ahnte die Gefahr

Sein Leben: Einst ein großer Flitter
Ein Glanz, der alles überstrahlt'
Doch unter all dem bunten Glitter
Erkannte man nicht all die Gitter
Die von manch' Lächeln übermalt

Er hatte Kinder, schien zufrieden
Er hatte eine hübsche Frau
Doch ward ihm wohl kein Glück beschieden
Denn tief in ihm war's schwarz geblieben
All seine Hoffnung blieb so grau

Reich war er nicht, doch auch nicht ärmlich
Den Job erledigte er gern
Nur selten ging es ihm erbärmlich
Er war kaum krank
Nie ging's beschwerlich
So manche Sorge schien ihm fern

Doch griff er oft zur Wodka-Flasche
Der Alkohol regierte ihn
Von seinen Wünschen blieb nur Asche
Er sagte nichts – wohl seine Masche
Der Alkohol raffte ihn hin

An einem dunklen Regentage
Hat er sich von der Frau getrennt
Er fand sein Leben viel zu vage
Tief in ihm blieb die bange Frage:
*Wo liegt des Lebens wahrer Sinn*

Nun hatte er, was er stets wollte:
*Alleinsein, Suff – er war so frei*
Doch nachts, wenn manch ein Alb laut grollte
Schien ihm, dass ihn der Teufel holte
Und jeder Traum ward längst wie Blei

Die Ängste trübten seine Seele
Er traute sich kaum noch hinaus
Der Schnaps rann ihm durch Mark und Kehle
Er hörte Stimmen und Befehle
Und hielt sein Leben nicht mehr aus

An jenem Tag, als Hagel knallte
Lief er davon – ihn hielt nichts mehr
Ein Sturm ihm in die Augen prallte
Und Donner durch die Straßen hallte
Er fühlte nichts – und nichts war schwer

Wohl hat er einen Baum gefunden
Auf jener Lichtung, dort, im Wald
Vorbei ein Leben, das zerschunden
Nie heilten ab die tiefen Wunden
*Er war noch jung*
*Und doch schon alt*

## Ohne Titel

Es hat geklingelt früh um 8
Sie hat die Türe aufgemacht
Die Kinder schliefen noch ganz fest
Im Haus vorm Wald, beim Vogelnest

Die Polizei hat nicht gefragt
Es war ein regnerischer Tag
Man nahm den Papa einfach mit
*Steuerbetrug*
*Zu viel vom Glück*

Sie hielt ihm stets den Rücken frei
Doch er sah nur das Geld dabei
Im Knast gestand er ihr stupid
Dass er schon längst ´ne Andere liebt

Da stand sie nun, allein und arm
An diesem Morgen, der nicht warm
Das letzte Geld war schnell verbraucht
Sie trank nie Schnaps, hat nie geraucht

Beim Einkauf dann im Laden-Eck
War ungedeckt der letzte Scheck
Der letzte Groschen blieb für Brot
Kredit und Konto: *alles tot*

Total am Ende und zerstört
Schien ihr das Leben nichts mehr wert
Auf einer Brücke stand sie da
Und wusste nicht mehr, was geschah

Dort unten in dem tiefen Fluss
Schien ihr des Lebens letzter Gruß
Sie wollte springen – setzte an
Da hielt sie fest ein starker Mann

Er zog sie auf den Weg zurück
Und fragte leis: *Ist das dein Glück*
Sie zitterte am ganzen Leib
Und Tränen tropften auf ihr Kleid

Die beiden fuhren heim zu ihr
Es war um 3, vielleicht um 4
Längst schliefen ihre Kinder tief
In jener Nacht, die krumm und schief

Der Mann blieb bei ihr, half ihr viel
Zunächst war's schwer und gar kein Spiel
Doch irgendwann ging's aufwärts doch
Sie kämpfte sich aus diesem Loch

Bald zogen sie zu ihm ins Haus
Hier sah es ruhig und friedlich aus
Die Kinder liebten diesen Mann
Der neue Papa war's sodann

Am End bekam sie einen Job
Verdiente wieder, dankte Gott
Ein neues Leben nun begann
Mit ihren Kindern und dem Mann

Da klingelte es in der Nacht
Sie schlich zur Tür sich ziemlich sacht
Ihr Ehemann kam aus dem Knast
Und meinte, dass er viel verpasst

Lang schaute sie ihn schweigend an
War da noch Liebe zu dem Mann
Sie sagte „*Nein*" und schloss die Tür
Und es war morgens
*Gegen 4*

## Clown

Lang sieht er sich im Spiegel an
Sein Clownsgesicht
*Es lacht sogar*
Was für ein lustig froher Mann
So sieht er sich im Spiegel an
Ein Clown, der immer lachen kann
Ein wirklich echter großer Star

Doch wenn die Lichter längst schon aus
Wenn er allein und einsam ist
Geht traurig er den Weg nach Haus
Dann sieht er nicht mehr lustig aus
Dann spricht er nur mit einer Maus
Weil die ihn wirklich nie vergisst

Er ist ein Clown, den gern man sieht
Er ist so bunt
*Das liebt man sehr*
Doch keiner weiß, was sonst geschieht
Wenn man ihn einmal nicht mehr sieht
Wenn nachts er durch die Straßen zieht
Wenn ihm die Stunden ziemlich schwer

Dann schaut er sich im Spiegel an
Dann schminkt er sich die Farben ab
Sonst scheint er wohl ein froher Mann
Dort auf der Bühne, wo er's kann
Ein Clown, der immer lacht sodann
Der Mensch ist
Der auch Sorgen hat

Wenn dann die Vorstellung beginnt
Dann sind die Tränen lange fort
Wenn er vor all den Kindern singt
Wenn er dann lacht und hopst und spinnt
Dann ist das Leben bunt geschminkt
Man hört sein lustig-traurig Wort

## Besuch

*Man spricht so viel*
*Man redet gern*
Man findet Vieles schlimm und gut
Doch manchmal sind die Worte fern
Dann spricht man nicht mehr viel und gern
Dann steht man da – dann stockt das Blut

*In Auschwitz war´s*
*Am düstern Ort*
Ich schau mich um und schweig und schweig
Da fehlt mir Freude, jedes Wort
Ein Wind weht alte Ängste fort
Kalt fühlt sich an mein menschlich´ Leib

*Mein Schritt fällt schwer*
*Ich weine nicht*
Hier, wo man nicht mehr weinen kann
Zu sehr erstarrt mein Angesicht
Hier ist´s so trüb – es fehlt an Licht
Zu viel ist damals hier verbrannt

*Ich seh ein Kind*
*Es winkt mir still*
An diesem Ort, der mir so fremd
Dann ist es fort mit andrem Ziel
In Auschwitz war´s ein böses Spiel
Hier, wo die Zeit die Toten kennt

Der Drahtzaun jetzt ist ohne Strom
Kein Mensch, der tot an ihm verlischt
Ein Drahtzaun mahnt als letzter Hohn
Kein Hass, kein Mord, kein toter Sohn
Und keine Mutter, die zerbricht

43

*Als ich dann geh*
*Bin ich nicht stumm*
Courage braucht es, Mut zum Wort
In Auschwitz war's – ich dreh mich um
In unsrer Zeit braucht's Kraft und Mumm
Gedenken, Trauer, diesen Ort

## Der Major

Tag für Tag gab er Befehle
Aus der nimmermüden Kehle
Und sein Mund zog schon vor Schmerzen
Manchmal blies er aus die Kerzen
Doch wo blieb sein Traum, die Seele

Stund um Stund schrie er Kommandos
Manches schien so dumm und klanglos
Selbst sein Herz schrie schon vor Schmerzen
Längst verloschen all die Kerzen
Seine Brille: rund und randlos

Eines Tags in der Kaserne
Stand er da und zählte Sterne
Und er fragte sich voll Kummer
Warum diese blöde Nummer
Hat mich irgendjemand gerne

Warf die Uniform beiseite
Floh und rannte in die Weite
Selbst sein Mund sang neue Lieder
Jetzt und hier und immer wieder
Tat er's, weil er sich befreite

Irgendwo ist er geblieben
Nicht sehr reich, doch wohl zufrieden
Niemals mehr will er marschieren
Nie mehr irgendwo erfrieren
Er kann endlich wieder fühlen

## Drittes Reich

Starke Männer, blonde Kinder
Frauen hinter Herd und Land
Niemals wieder kalte Winter
Schickt nach Norden Eure Kinder
Nordisch deutsches, schönes Land

Aus Berlin Germania wurde
Monster-Bauten überall
Deutscher Adler siegreich gurrte
Deutsches noch viel deutscher wurde
Endete im großen Knall

Untern Linden – Marmorsäulen
Bis zur großen Halle dort
Übrig blieben Bombenbeulen
Schutt und Asche alle Säulen
Und Germania ist längst fort

Reichskanzlei und Wilhelmstraße
Drittes Reich in braunem Glanz
Noch gesteigert Maß und Maße
Bis zur Adolf-Hitler-Straße
Sieges-Traum vom letzten Tanz

Doch der Krieg zerstörte alles
Wahn und Lethargie zugleich
Schon zerbombt im Knall des Knalles
Ging dahin dies Land und alles
Schutt blieb nur vom Dritten Reich

Leichenberge und Ruinen
Ließ dies Reich von sich zurück
Und von Osten auf den Schienen
Kehrten heim, halbtot, von Sinnen
Manch´ Soldaten ohne Glück

Wind zieht übers deutsche Lande
War ein drittes Reich mal hier
Aus mach Rest, dem Sprengstoffsande
Baute man ein neues Lande
Jenseitig von Hass und Gier

## Intensivstation

Die Mutter liegt im Krankenhaus
Auf einer Intensivstation
Tief in mir drin sieht's düster aus
Die Mutter liegt im Krankenhaus
Ich lieb sie sehr, ich bin ihr Sohn

Geh jeden Tag zu ihr dorthin
Dort scheint mir alles fremd, steril
Die Mama wollte nie dorthin
Und ich geh jeden Tag dorthin
Hoff auf ein Wunder, gar nicht viel

Die Apparate piepsen leis
Die Schläuche liegen überall
Der Kreislauf ist mal dünn, mal heiß
Ich weiß nicht mehr, was sonst ich weiß
Mein Leben ist in freiem Fall

Hab so viel Fragen in mir drin
Stell sie dem Arzt, der Schwester auch
Wie geht's nur weiter, wo geht's hin
Tief hämmern Fragen in mir drin
In meinem Hirn zieht Angst und Rauch

So viel geht mir durch Mark und Sinn
Und durch mein Herz, das schmerzt so sehr
Geh jeden Tag zu ihr dorthin
Und weiß ansonsten nicht wohin
Ach, meine Seele wiegt so schwer

Manchmal spricht Mama leis ein Wort
Das ist so kostbar, wichtig, lieb
An diesem schwierig schweren Ort
Zählt jedes Streicheln, jedes Wort
Zählt mein Gebet, dass leise zieht

Die Schnabeltasse auf dem Tisch
Mit Wasser, Brei gefüllt nur halb
Ach Mama, warum trinkst du nicht
Ich halt die Tasse doch für dich
Kommst du nach Hause wieder – bald

Die Mutter ist im Krankenhaus
Auf einer Intensivstation
Mit meiner Hoffnung halt ich's aus
Bin jeden Tag im Krankenhaus
Ich lieb sie sehr, ich bin ihr Sohn

## Verlorener Junge

Es zogen die Menschen aus dem so fremden Lande
Hinaus in die Fremde, zu dem sehr langen Strande
Sie wollten nur ganz einfach weit weg von Zuhause
Sie gaben sich selbst, der Familie nie Pause
Und zogen und liefen flugs zum Weltenrande

Es waren so viele, die nimmermehr blieben
Ach, so viele Seelen, die himmelwärts schrien
Es waren Familien, die in Armut und Kriege
zu suchen begannen nach Glück, Geld und Liebe
Man hätte sie sonst wohl zu Tode getrieben

Ja, auch jenes Kind, dieser schwarzhaarige Junge,
zog fort mit den Eltern, mit pfeifender Lunge
Zum Strand aller Märchen, zur Küste der Wunder
Zum riesigen Meer, mit manch´ Fisch
und manch´ Flunder
Er schaute so lieb, hatte Augen, so runde

Man sagte, da hinter dem brausenden Wasser
verbirgt sich das Gute, ward die Welt nie mehr blasser
Dort ist ewiger Reichtum, sind nett alle Leute
Dort gibt es kein Elend, keine hungrige Meute
Dort gibt's keinen Krieg, keine ewigen Hasser

Der Sturm war so stark – am Meer, an der Küste
Fern lag ihre Heimat, diese schreckliche Wüste
Verträumt schaut´ der Junge hinaus in die Ferne
Es sah dort am Himmel all die funkelnden Sterne
Und er sah auch den Mond, der gelächelt und grüßte

Und dann
auf der schlingernden Schlauchboot-Schaluppe,
da gab´s nichts zu essen, nicht mal eine Suppe
Dreihundert gefangen im Seelenverkäufer
Gehofft und gebetet zu Gott und manch´ Täufer
Doch war da nicht einer, der klagte und murrte

Ganz plötzlich dort draußen im tosenden Meere,
da schlugen die Wogen mal hoch und mal quere
Das Boot sank so schnell in die dunkelsten Tiefen
Es war Mitternachte, ach, wo alle schliefen
Darüber hin klatschte das Wasser mit Schwere

Von all diesen Menschen, dem Jungen, dem kleinen,
blieb nichts als nur Tränen, ich kann nur noch weinen
So viele geblieben im schäumenden Meere
Es schlugen nur hoch all die Wasser, voll Schwere
Am Meeresgrund war´s reich an Stille und Steinen

Gestorben die Hoffnung, die Sehnsucht nach Frieden
Die Freiheit der Leute – im Sturm fortgetrieben
Dem Tod nicht entkommen, Familien und Kinder
Warum so viel Kälte Warum so viel Winter
Die Menschlichkeit längst auf der Strecke geblieben

Es gehen die Stunden, es ziehen die Tage
Es fliehen die Menschen – mir bleibt nur die Frage:
Was wird, wenn auch ich aus der Heimat mal fliehe
Wird dann jemand sein,
der mich aufnimmt mit Liebe
Bleibt übrig nur Trauer, nur Tränen und Klage

Doch sah jener Junge die funkelnden Sterne
Er flog hoch ins All, bis hinauf in die Ferne
Ich hör ihn noch singen, den schwarzhaarigen Jungen
Er hat von der Liebe im Traumland gesungen
Ich denk oft an ihn, hab ihn wirklich sehr gerne

## Zwei Monde

Es kreisten einmal zwei einsame Monde
Um einen sehr kleinen Planeten herum
So manches Mal, ach, kam vorbei eine Sonde
Und erforschte dann jene zwei einsame Monde
Ansonsten bliebs immer recht trist und sehr stumm

Wie diese zwei Monde, so kreise auch ich
Immerzu, immerfort um mich selber herum
Es fehlt an der Freude und wohl auch an Licht
Wie zwei dunkle Monde, so kreise auch ich
Und alles bleibt einsam, bleibt trübe und stumm

Doch ganz in der Ferne strahlt hell eine Sonne
Zu der will ich hin, doch sie scheint viel zu weit
Denn dort, wo ich einsam noch friere und wohne
Fehlt Liebe und Leben, ist nie eine Sonne
Und erst, wenn ich aufbrech, bin ich bald befreit

So breche ich aus, mach mich flugs auf die Reise
Hin zu jenem Licht, denn ich brauch es doch so
Und plötzlich verspür ich, noch still und sehr leise
Die Sonne kommt näher, das Ziel meiner Reise
Und endlich, da fühl ich mich frei und bin froh

## Die Muschel

Ich fand sie dort am langen Strand
Die große Muschel, ganz in weiß
Sie lag so einsam da im Sand
Die schöne Muschel dort am Strand
Und Sommer war es, schwül und heiß

Ich hob sie auf, hielt sie ans Ohr
Es rauschte so geheimnisvoll
Welch Engel sie wohl hier verlor
Ich hielt sie einfach nur ans Ohr
Und plötzlich fühlte ich mich wohl

Die Kinder sprangen um mich rum
Das Wasser kühlte, war so frisch
Die Muschel lag am Strand herum
Und Kinder sangen um mich rum
Und manchmal auch ein kleiner Fisch

Ich dacht, ob ich jetzt baden geh
Mal so ins Wasser, wärs nicht toll
Gar friedlich lag die wilde See
Ob ich vielleicht mal baden geh
Im Wasser wärs so wundervoll

Da sprach die Muschel lieb und leis:
„Du bist doch frei, los, spring´ ins Nass"
An jenem Strand, der lang und weiß,
war´s wunderschön und ziemlich heiß
Im Wasser hatte ich viel Spaß

Die Muschel nahm ich mit ins Meer
und ließ sie frei, sie tauchte schnell
Der Tag fiel leicht mir, gar nicht schwer
Ich nahm die Muschel mit ins Meer
Und plötzlich ward manch Trübes hell

All jene Sorgen, tief in mir,
die nahm die Muschel mit sich fort
Mir schien, sie lag für mich nur hier
Sie nahm die Nöte tief in mir
Verzauberte die Welt, den Ort

Fast wie ein Kind sang ich und sprang
am Ufer her und wieder hin
Ich hör noch heut der Muschel Klang
Sie rauschte leis und lieb und lang
Sie gab mir neuen Lebenssinn

Ich fand sie da am Meeresstrand
Die weiße Muschel, groß und weiß
So manches Jahr zog übers Land
Ihr Rauschen blieb mir, da am Strand
Und Sommer war´s, so schön und heiß

## Gezeiten

Am Ufersaum nur sanfte Wellen
Das Meer kommt leis und laut daher
Am Horizont, dem dunklen, hellen
Spür ich des Ozeanes Wellen
Und in mir drin wird's leicht und schwer

So einsam ist's an diesem Orte
Die Weite scheint unsagbar weit
Ich denke nur, ganz ohne Worte
An diesem magisch, starren Orte
Und es zerrinnt mir Hoffnung, Zeit

Nur Möwen schreien mit dem Winde
Der sich in Sanddünen verliert
Ich hofft, dass ich die Welt verstünde
Doch sind da nur die kalten Winde
Und jener Strand, der schläft und friert

Ganz plötzlich dunkelt es behände
Und stürmisch wird's am Strande hier
Ich reib mir flugs die leeren Hände
Dass es bald wärmer wird behände
Und ich nicht einsam, alt erfrier

Das Wasser weicht dem Mond entgegen
Zieht sich zurück, weil Ebbe ist
Ich wollt ins Watt mich reglos legen
Doch schlägt der Sturm mir da entgegen
Und sagt, dass man mich längst vermisst

Da wird mir klar, ich sollt wohl gehen
Dorthin, wo ich was ändern mag
Das Meer sagt's laut, ich kann's verstehen
Ich sollt nach Hause schnellstens gehen
Bevor sie kommen, Flut und Tag

Jedoch liegt vor mir nur die Leere
Das Meer ist fort, ich weine leis
In meinem Herz die bittere Schwere
Und überall die lähmend Leere
Ganz langsam wird das Watt zu Eis

Laut schlägt erneut der Sturm zum Strande
Bringt bald das Meer, ich ahn es schon
Ganz nah wohl am Gezeitenrande
Fragt keiner wohl nach Glück und Schande
Bleibt nur manch' Schuld als letzter Hohn

So schlag ich hoch den warmen Kragen
Weiß plötzlich, dass ich leben will
Auf einmal gibt es keine Fragen
Ich schlag ihn hoch, den feinen Kragen
Und hinter mir rauschts laut und still

## Der Stieglitz

Es fliegt ein Stieglitz durch die Zeiten
Fliegt durch Berlin, Paris und Prag
Will nirgendwo zu lange bleiben
Er fliegt behänd durch Tag und Zeiten
Und zwitschert, wie er zwitschern mag

Denkt an die Welt, die schöne, helle
Die war einst ziemlich trüb und schlimm
Er ist ein lustiger Geselle
Denkt an die Welt, die flotte, schnelle
Und sinnt nicht übern Lebenssinn

Da, auf dem Baum, ne kleine Pause
Ein kleines Lied für jedermann
Vielleicht noch eine lustig´ Sause
Dann zieht er weiter übers Hause
Und weiter fort, durchs Land sodann

Am Strand lauscht er dem Meeresrauschen
Wer weiß, wovon er da so träumt
Vielleicht will er der Brandung lauschen
Doch will er nie mit andern tauschen,
weil er vom Leben nichts versäumt

Schon bald erhebt er sich mit Kräften
Und flattert übers Meer davon
Er fühlt sich gut, in besten Säften
Scheint jenseits wohl von Geldgeschäften
Wer fragt den kleinen Vogel schon

Er ist ein Stieglitz unter vielen
Und fliegt, weil er halt fliegen muss
Wer weiß schon von den Stieglitz-Zielen
Vielleicht will er nur einfach spielen
Vielleicht ist er ein Gottesgruß

So fliegt er weiter durch die Zeiten
Fliegt von New York nach Binz und Bern
Wohl will er nirgends lange bleiben
Er fliegt nur fröhlich durch die Zeiten
*Ich wink ihm oft*
*Ich hab ihn gern*

## Fjord

Im Tal der hohen Berge,
ganz weit im Fjord, im Schnee,
war unsere Herberge
Die Kindheit dort, am Berge
An jener stillen See

Das habe ich genossen
Die Jahre gingen schön
Und als die Bäume sprossen
Und Träume sich ergossen
Wollt ich im Tanz mich drehn

Mit Mutter ewig laufen
Durchs Tal bis hin zum Strand
Und süße Bonbons kaufen
Buschblätter kehrn zum Haufen
Und unsre Spurn im Sand

So fern sind all die Zeiten
Am Fjord, beim Berg, im Tal
Wohl wollt ich ewig bleiben
Dort, wo die Adler gleiten
Dort, wo die Wege schmal

Doch zogs mich in die Ferne
in jene große Stadt
Dort sah man keine Sterne
Es fehlte auch an Wärme
Da, wo man alles hat

Nach dreiundzwanzig Tagen
hielt ich es nicht mehr aus
So schwer wogen manch´ Klagen
Es platzte oft der Kragen
Ich wollt dort endlich raus

Und packte meine Sachen
Nach Hause ging es, heim
Konnt plötzlich wieder lachen
Wie früher wollt ich´s machen:
Als Kind bei Mutter sein

Bin endlich heimgekommen
zum Haus am Berg, im Schnee
Dort strahlten alle Sonnen
Die Tränen längst zerronnen
Und still der Fjord, die See

## Schwarze Materie

Die schwarze Materie, die gibt und auch nimmt,
dort im Universum Was ist, wenn das stimmt
Sie gab alles Leben und hält es zusamm
Sie löscht alle Lichter und zündet sie an

Was wird sie bewirken, ist irgendwann Schluss
Nie wieder das Leben Nie wieder ein Kuss
Wofür all das Treiben auf unserer Welt,
wenn alles zerbröselt, wenn alles zerfällt

Es munkeln die Forscher vom finalen Knall
Nichts bleibt, wie es war in dem riesigen All
So wie es gekommen, so wird es vergehn
Und all unsre Träume, die sollen verweh 'n

Ich will das nicht glauben, ich fass es nicht mal
Gab Gott uns dies Leben für zukünftge Qual
Die Sterne, Planeten, all die Galaxien,
sind sie dann vergessen Ist alles dahin

So soll es nicht enden, so darf es nicht sein
Ich liebe das Leben, den Himmel, den Stein
Vielleicht liegt's an uns auch, dass wir etwas tun
Vielleicht sollten wir nicht mehr warten und ruhn

Es ist wohl ein Rätsel, und auch wieder nicht
Die Liebe wird bleiben, die Hoffnung, das Licht
Die schwarze Materie, die gibt und auch nimmt,
sie wird uns nicht töten, ich weiß, dass das stimmt

Vielleicht bringt der Glaube an Gott Lebenssaft
Vielleicht liegt ja auch in der Hoffnung die Kraft
Wir werden nicht schweigend im Dunkel vergehn
Wir werden die schwarze Materie verstehn

Denn tief in uns schlummert ein Mördergefühl
Es lässt uns nicht sterben
Es führt uns ans Ziel
Es bringt uns in eine ganz andere Zeit:
Dort, wo wir geborgen
Dort, wo wir befreit

## Die Tänzerin

Irgendwie verklärt vielleicht
Eine Träne noch im Aug
*Ist berühmt sie*
*Ist sie reich*
Manchmal traurig auch
Vielleicht
Es ist ihre beste Schau

Ach, es war 'ne schwere Zeit
Harte Arbeit, viel Verzicht
Heut ist sie vom Glück nicht weit
Nein, sie fühlt sich nicht befreit
Streng manch' Züge im Gesicht

Viele Fragen wiegen schwer:
*War es richtig*
*War's nicht gut*
*Ist sie heute wirklich wer*
Ach, ihr Leben wiegt so schwer
Soviel Tanz liegt ihr im Blut

Düster scheint die Bühne jetzt
Nur Musik erklingt ganz leis
Ja, sie tanzt so unverletzt
Leicht und schön und nicht gehetzt
Ihr *Tutu* ist strahlend weiß

Und sie tanzt für sich allein
Nur ein Licht strahlt sie noch an
*Warum stets alleine sein*
*Warum niemals Sekt und Wein*
*Schaut sie wirklich niemand an*

Da bemerkt sie einen Blick
Er ist stark und trifft sie sehr
Und ganz langsam, Stück für Stück,
*tanzt sie hin zu jenem Blick*
Fühlt dabei sich traurig, schwer

Es ist eine fremde Frau
Ihr Gesicht im Schatten liegt
Doch ihr Blick ist sehr genau
*Wer ist jene fremde Frau*
*Woher hat sie diesen Blick*

Als sie näher tanzt und schaut,
staunt sie, denn die Frau vor sich
*ist sie selbst, so sehr vertraut*
Und sie weint und staunt und schaut
Sieht ihr eigenes Gesicht

Niemand sonst ist wohl zu sehn
*Jenseitig von Traum und Show*
Ach, sie tanzt so wunderschön
Möcht nicht von der Bühne gehn
Doch die Fremde scheint nicht froh

Da, das Licht verlischt ganz sacht
Und die Schau ist aus, *vorbei*
Längst ist es nach Mitternacht
Da geht aus das Licht ganz sacht
Aller Tanz scheint einerlei

Regungslos und leichenblass
geht sie von der Bühne schnell
Spürt nicht Trauer oder Spaß
Draußen ist es regennass
Nacht ist es und gar nicht hell

Plötzlich spürt sie es genau:
*Tanzen ist ihr größtes Glück*
*Niemals war ihr Leben grau*
Und es lacht die fremde Frau
*Leicht tanzt sie zur Show zurück*

## Sein Ende

Er ging den weiten Weg hinaus
Es war ein neblig, trüber Tag
Der Morgen sah wie jeder aus
Da ging er fort von seinem Haus
Sein Blick, so starr und ohne Frag

Ein Regenschauer zog ins Land
Hier draußen, wo sonst keiner lebt
Er hat die Fotos längst verbrannt
Nur Einsamkeit lag überm Land
Für seinen Traum war's längst zu spät

Sein Leben ließ er weit zurück,
in diesem Haus, am stillen Wald
Er suchte nicht mehr nach dem Glück
Und ließ die Hoffnung weit zurück
Und war erst fünfzig Jahre alt

Vor vierzehn Tagen war's genau,
als er hier seinen Sohn verlor
Und wenig später starb die Frau
Es war wohl hier – ja, ja, genau
Als seine Seele starb, erfror

Bis dahin schien das Leben gut
Karriere, Geld, ein Haus, ein Boot
Doch irgendwann verlosch die Glut
Mit der Familie liefs nicht gut
Und plötzlich waren alle tot

Er setzte sich auf einen Stein,
hier draußen, auf dem weiten Feld
Warum nur musste das so sein
Am Schluss ein Kilometerstein
Am Ende hilft nicht Gut, nicht Geld

Noch einmal raffte er sich auf
Noch zwei, drei Schritt – irgendwohin
Was für ein allerletzter Lauf
Warum rafft man sich immer auf
Und wo liegt aller Lebenssinn

Es wurde Nacht und er blieb stehn
Ein Blitzschlag nahm ihn mit sich fort
Er konnte nicht mehr weiter gehn
Er blieb nur einfach wortlos stehn
An diesem trüben schlimmen Ort

Geblieben ist ein Häuflein Staub,
das trieb in die Unendlichkeit
Ein Blitzschlag traf - es war nicht laut
Von manchem Leben bleibt nur Staub
in einer schwarzen Dunkelheit

Sein Haus ist fort, es steht nicht mehr
Man riss es ab vor kurzer Zeit
Und nur die Steine wiegen schwer
Sein Haus, sein Leben gibt's nicht mehr
Was ist's, dass nach uns übrigbleibt

## Die Angestellte

Es war ein Morgen, irgendwann
Der Kaffee schmeckte schlecht, so schlecht
Noch schnell ein Küsschen für den Mann
An diesem Morgen, irgendwann
Sie macht' es allen immer recht

An jenem Tag, als Regen fiel,
war's trübe noch und seltsam lau
Ihr Job war hart, kein leichtes Spiel
Der Tag war grau und Regen fiel
Sie war 'ne starke schwache Frau

Sie sah das Elend vis-à-vis
Und mancher Fall wog tonnenschwer
Sie hielt es durch, wohl irgendwie
Sie sah manch Trauer vis-à-vis
Doch auch sie selbst schien müd und leer

Vorm Spiegel in der Pause dann,
da sah sie sich und weinte leis
Ein Handyklingeln – wohl der Mann
Vorm Spiegel jetzt – minutenlang
Und irgendwo zerschmolz das Eis

Was, wenn sie einfach wortlos ging
Dorthin, wo alles Glück vielleicht
Dorthin, wo aller Segen hing
Wer fragt, wenn sie jetzt einfach ging
Ob's für das Leben dann noch reicht

Sie schloss die Augen, hielt sich fest
Sie wankte hin und wieder her
Was, wenn man sich mal treiben lässt
Sie hielt am Waschbecken sich fest
Im Leben geht so manches quer

Was für ein schöner ferner Traum
Sie wischte sich die Tränen fort
Mit Seife und mit reichlich Schaum
wusch sie sich ab den großen Traum
Man rief nach ihr mit lautem Wort

Und lächelnd lief sie schnell zurück
Ein neuer Kunde wollte Rat
Wo liegt des Lebens größtes Glück
Sie lief nur ins Büro zurück
Und tat, was sie sonst immer tat

Sie sagte Ja, sie sagte Nein
Der Arbeitstag ging schnell vorbei
So musste es wohl immer sein
Ein Leben zwischen Ja und Nein
Ihr Mann kam heim, so gegen 3

## Eine Weihnachtsgeschichte

Ein Weihnachtsabend gegen 3
Das junge Paar sitzt unterm Baum
Ein kleines Kind ist auch dabei
Es ist an Weihnacht gegen Drei
Was für ein schöner Weihnachtstraum

Gleich gibt's Geschenke reichlich, satt
Das Kind, gespannt, ist voll von Glück
Der Weihnachtsmann kommt in die Stadt
Und bringt Geschenke, reichlich, satt
Und Papa kennt den Weihnachtstrick

Er geht hinaus und lächelt leis
Und sagt noch schnell – gleich ist's soweit
Die Spannung steigt- dem Kind wird's heiß
Der Papa lächelt nur ganz leis
Und so vergeht die Stund, die Zeit

Die Mutter nimmt das Kind zu sich
Und streichelt sacht ihm übers Haar
„Wo bleibt der Papa", fragt sie sich
Und nimmt das Kind ganz sacht zu sich
Der Weihnachtsmann ist noch nicht da

Der Abend geht, längst schläft das Kind
Es hat nach Papa kurz gefragt
Vorm Hause streicht ein eisig´ Wind
Die Mutter bracht ins Bett das Kind
Und hofft am Fenster voller Klag

Wo bleibt der Papa, wo der Mann
Warum in dieser Weihnachtsnacht
Lang schaut im Spiegel sie sich an
Wo bleibt nur unser Weihnachtsmann
Hat der sich aus dem Staub gemacht

Am nächsten Morgen klingelts früh
Zwei Polizisten stehn vorm Haus
Sie stelln sich vor und fragen sie
Für manche Nachricht ist's zu früh
So sieht kein Weihnachtsmorgen aus

Man fand den Wagen irgendwo,
zerschellt an einer Häuserwand
Da war das Glatteis, einfach so,
in einer Straße, irgendwo
Den Toten man erst morgens fand

Die Polizisten gehen schnell
nach Haus, wo Weihnachtsmusik singt
An jenem Morgen wird's nicht hell
Und mancher Tod kommt eben schnell
Manch' Papa nie Geschenke bringt

Das Kind erwacht so gegen 10
Und fragt nach seinem Papa bald
Die Mutter bleibt im Zimmer stehn
Es ist an Weihnacht, früh um 10
Und in der Wohnung ist's so kalt

Sie nimmt das Kind in ihren Arm
Und drückt es fest ans Mutterherz
Wolln wir zum Weihnachtsmann jetzt fahrn
Sie hält das Kind ganz fest im Arm
Und schluckt hinunter ihren Schmerz

Und alle Fragen bleiben fort
Es gibt auch keine Fragen mehr
Wo gestern noch ein schöner Ort,
bleibt aller Weihnachtszauber fort
Der Weihnachtsmann kommt nimmer mehr

Sie steigt ins Auto mit dem Kind
„Komm lass nach Papa uns jetzt schaun"
Es weht nur eisig kalt ein Wind
Sie fährt davon mit ihrem Kind
Auch draußen steht manch´ Weihnachtsbaum

Man sieht sie rasen übers Land
Es fällt der Schnee so weiß und dicht
Sie nimmt das Kind fest an die Hand
Es ist doch Weihnachten im Land
Die nächste Kurve sieht sie nicht

Dann ward es still – kein Schnee, kein Wind
Nur einsam steht ein Weihnachtsbaum
Sie stieg ins Auto mit dem Kind
Und wollt zum Weihnachtsmann geschwind
Nur einmal noch den Weihnachtstraum

Und irgendwo zur Weihnachtszeit,
da wartet manches Kind verzückt
auf Papa mit dem Weihnachtskleid
Am Himmel hoch zur Weihnachtszeit
leuchten drei Sterne voller Glück

## Letzter Sommer

Als hell die Sonn erstrahlte
Sah sie ins Himmelblau
Der Tag ihr Lächeln malte
In jener Sonn, die strahlte
Die schöne starke Frau

Mit Schmerzen, kaum erträglich
Ging täglich sie hinaus
Der Sommer war so herrlich
Die Schmerzen unerträglich
So einsam stand ihr Haus

Am See unter den Bäumen
Lag sie so oft und gern
Sie gab sich hin den Träumen
Am See, unter den Bäumen
Bis abends kam manch´ Stern

Ein Herbst zog auf von Norden
Mit Stürmen, nass und kalt
Sie ist so sanft gestorben
Es kam ein Herbst von Norden
Sie wurde nicht sehr alt

Es ist so ruhig geworden
Im Haus am See, beim Wald
Und wie an jedem Morgen
Wo es so ruhig geworden
Die schönste Sonne strahlt

Von ihr ist nichts geblieben
Doch scheint sie gar nicht fort
Ich wollt sie ewig lieben
Doch ist mir nichts geblieben
An diesem schönen Ort

Ich seh noch heut ihr Lachen
Als Sommer war im Land
Fahr bald in einem *Nachen*
So fern von ihrem Lachen
Am Ufer leis entlang

Es war ihr letzter Sommer
Ob sie mich hört und sieht
Mir scheint der ferne Donner
In jenem letzten Sommer
Um Antwort fast bemüht

In Samt und auch in Seide
Sang sie so gern vom Glück
So schwebt über der Heide
In Samt und auch in Seide
Noch heut vom Lied ein Stück

Der Schnee deckt zu manch´ Zipfel
Und kahl liegt Wies und Feld
Hoch übern steilen Gipfel
Fliegt Schnee über die Wipfel
Still zieh ich in die Welt

## Alabama

Wälder, Wiesen, weite Straßen
Alabama – Freiheit satt
Kann die Seel hier baumeln lassen
Keinen wilden Fluss verpassen
Bis zur nächsten großen Stadt

Sehnsucht tief in meinem Herzen
Wenn ich auf dem Highway bin
Da, es fliegen tausend Kerzen
Alabama tief im Herzen
Alabama ist mein Sinn

Tagelang im Valley Grande
Selma und Montgomery
Welch ein Glück
Dass ich dich fande
Alabama – schönstes Lande
Alabama: tags, nachts, früh

## Ohne Worte

Jagt sie fort, die Kriminellen
Die verseuchen unser Blut
All die Dunklen, Roten, Hellen
Fort mit all den Kriminellen
Sind sie weg, dann geht's uns gut

Recht, Gesetz – das stört sie wenig
Drogensumpf – das ist ihr Spiel
Wer laut hasst, der ist hier König
Ordnung kümmert sie recht wenig
Hass, Verderben scheint ihr Ziel

Doch wer soll -die- alle stoppen
Wer hält auf den bösen Mob
Werden -die- uns weiter foppen
Niemand kann das alles stoppen
Längst gefährdet Leib und Rock

Wohin wird dies alles führen
Wenn man Menschen nicht mehr kennt
Nein, wir werden nichts verlieren
Lassen uns auch nicht verführen
*Mensch ist Mensch*
*Da ist nichts fremd*

# In der Nacht

Du kamst zu mir mit einer Frage
*So gegen 3*
*Um Mitternacht*
Das End von einem Regentage
Am Meeresstrand
Hier am Gestade
Und ich nahm deine Hand ganz sacht

Dein Mann ging fort
Er ließ dich sitzen
Wir schauten auf das Meer hinaus
Es war nicht heiß
Man konnt nicht schwitzen
Wir konnten uns nur kurz erhitzen
Und irgendeine Melodie sang leis

Du schliefst schnell ein in meinen Armen
Der Mond schien durch den Regen schwach
Und als manch´ Mückenschwärme kamen
Sog ich den Regen auf
*Den warmen*
An jenem Strand
Wo wir lang wach

Du kamst zu mir und wolltest reden
Doch schwiegen wir
Wir warn nur da
Wo Träume sich im Wind verweben
An diesem Strand der tausend Leben
Bliebs ewig Nacht
Ward Vieles klar

## Sie

Einst war sie Meisterin vom Lande
*Sie schaffte alles*
*Sie war groß*
Heut scheint sie nur noch eine Schande
Die tolle Meisterin vom Lande
Sie hat die Hände längst im Schoß

Einst war sie Königin der Guten
Man glaubte alles, was sie sang
Heut muss das Volk nur leiden
*Bluten*
Fort scheint die Königin des Guten
Und alle Zukunft macht nur bang

Einst war sie Kaiserin der Menschen
Sie einte alles, was entzwei
Heut scheint sie faul
Zu satt zum Glänzen
Enttäuscht die Leute
Und die Menschen
*Das Glück im Land ist längst vorbei*